Something Fierce Media
100 S 1st St #582071 Minneapolis, MN 55458

ISBN 978-0-9915501-0-4

www.LauraHanoraRice.com

16 15 14 13   3 4 5 6/2 3

Printed in the U.S.A.

For My Son,

Nolan Farrell Rice

who travelled the world with me & showed me how to move.

my Daughter,

Anandi Ilithyia Rice

who showed me how to listen & be still.

my Grand Daughter,

Desirae

who is my shooting star.

&

for my Nephew,

Kegan

who helped my light shine brighter

Fuer meinen sohn Nolan Farrel Rice,
der mit mir um die welt gereist ist und mir gezeigt hat wie man vorwaerts kommt.

Und fier meine tochter Anandi Ilithyia Rice,
die mich gelehrt hat in stille zuzuhoeren.

und fuer meine Enkelin Desirae
der ist meinen sterschuppe

und Kegan half meinen licht zu erhellen

Para mi hijo Nolan Farrell Rice
quien viajo alrededor del mundo con migo y
me enseñó como moverme.

Y para my hija Anandi Ilithyia Rice
que me enseñó a como escuchar y estar quieta

y para my grande hija Desirae
que es my estrella-fugas

y Kegan para se esto brille mas.

Pour mon fils Nolan Farrell Rice
qui a voyagé autour du monde avec moi et m'a appris à me de'placer.

Et pour ma fille Anandi Illithyia Rice
qui m'a appris à e'couter et ètre immobile.

Et pour ma petite fille Desirae qui ma l'etoile filante.

et Kegan à aide mon lumie're sais cela à briller.

Star Light
Star Bright
First Star I See
This Night

I Wish
I May
And I
Wish Might
Have The Wish I Wish
Tonight

Heller stern, Leuchtender stern Erster stern den ich seh am abend
Darf ich wuenschen Kann ich wuenschen Dass mein wunsch heute abend erfuellt wird

•

Estrella de luz, estrella brillante Primera estrella que miro esta noche Yo deseo tener
Yo deseo poder tener El deseo que pido esta noche.

•

Lumie're d' étoile, Étoile brillante Première étoile que je vois ce soir
Je souhaite que je peuve Je souhaite je puisse Aies les souhaits que j'aie ce soir.

Did you know that when we gaze up at the stars at night, they are looking back at us? Did you know each of us has an inner light that twinkles like a star? Some of us know how to let our light be bright to guide us on this adventure called life. But most of us have lights that barely shine at all.

My light shines brightly because a very special star taught me how to let my light out. Her name was Anandi, which means Path of Bliss.

Sabias tu que cuando nosotros miramos a las estrellas en la noche, ellas tambien nos miran a nosotros? Y sabias tu que nosotros tenemos una luz dentro que brilla como una estrella? Algunos de nosotros sabemos como dejar que esa luz brille para que nos guie en una aventura llamada vida. A algunos de nosotros se nos a olvidado y muy a penas brillamos. Yo se esto porque una estrella muy especial me enseno como dejar la luz que esta dentro de mi brillara. Su nombre es Anandi, que significa Camino de Felicidad y Algeria.

Wussest du dass, wenn wir die sterne des nachts besaunen, auch die sterne uns betrachten? Und wussest du, dass wir ein inneres licht haben das funkfelt wie die sterne? Manche wissen noch wie diesers licht uns erhellen kann und uns durch das abenteuer das man leben nennt begleiten kann. Die mesiten haben dies vergessen. Sie haben fast kein inneres licht.

Diese weis ich jtzt, denn ein ganz besonderer sterne hat mich gelehrt mein licht emporzubringen. Der name dieses sterns war Anandi, welches Pfad der Seeligkeit badeutet.

Savias ti que lorsque nous contemplons les étoile la nuit elles nous contemplent auni? Et savias tu que nous avons une lumie're inte'riure qui scintille comme une étoile? Certains d'entre nous savent lauiser nôtre lumie're briller pour nous guider dans cette aventure appalée la vie. La plupart d'entre nous ont oublié et brillent à peine.

Je sais cela maintentant parce qu'une étoile très particulie're m'a enseigné comment libe'rer ma lumie're. Elle s'appelait Anandi, ce qui veut dire le chemin de la félicité.

Anandi, the shooting star, coming to earth to be my wishing star.

•

Anandi, die sternschuppe, auf die erde kommend um mein wunschstern zu werden.

•

Anandi, una esrella fugas, viniendo a este mundo para ser mi estrella de deseo.

•

Anandi, l'étoile filante, venant sur terre pour être l'étoile de mes souhaits.

One day I followed her path as she shot across the sky like a falling star and came into a clearing in the woods. I came upon her bathing in the woods, gathering up the water and the sun into rainbows of light.
She was singing a song to honor all the ancestors of humanity, all the animals and plants and all the directions; North, South, East and West, above and below.

Una madrugada yo segi el camino de ella al pasar sobre el cielo, como una estrella que cay, y viene para que se mire clarita en el bosque. Alli la mire bañadose en un canal, juntando agua y el sol en un arcoiris de luz. Ella cantaba una cancion saludando a todos los ancestros de la humanidad, a todas las direcciones; el Norte, el Sur, el Este, y el Oeste, arriba y abajo.

Eines morgens folgte ich Anandis weg ueber himmel bis sie in eine waldichrung fiel. Dort sah iche sie in einem back baden, und ich sah wie sie das wasser und die sonne zu regenboegen von licht zusammen sammelte. Sie sang dabei ein lied mit dem sie alle ahnen der menschhiet, alle tiere und pflanzen und alle richtungen; Norden, Sueden, Osten, und Westen oben und unten begruesste.

A l'aube j'ai suivi son chemin alors qu'elle jaillit à travers le ciel comme un météore et se posa sur une clairie're dans les bois. Là je l'ai vue se baigner dans un cours d'eau assemblant l'eau et le soleil en arcs-en-ciel de lumie're.
Elle chanta un chant célébrant tous les ancètres de l'humanité, tous les animoux et les plantes, et toutes les directions; le Nord, le sud, l'est, et l'ouest, au delà et en deça.

Anandi bathing in the early moonlit morning, shining like a star on this earth, making radiant rainbows of light.

•

Anandi beim baden am fruhen modhellen morgen, wie ein stern der auf die erde scheint, strahlende regenbogen aus licht herverbringend.

•

Anandi bañandosea en la temprana luz de la luna por la manana, y brillando como una esterella en este mundo, creando arcoirises radiantes de luz.

•

Anandi se baignant au petit matin à la lumie're du clair de lune, formant des arcs-en-ciel radiant de lumie're.

5

When she saw me she told me we are each like a drop of water lost in an ocean. Everything that is inside the whole ocean is inside that water drop, just as everything that is inside of us is inside the whole universe. Like the many water drops that make up the ocean, our bodies make up a greater body of light.
So our home is really bigger than the house we live in, bigger than the city, state and country we live in. Bigger than the earth as it travels around the sun and bigger than the sun as it dances throughout the galaxy.

Sie sagte mir Wir sind wie tropfen der sich ozean verliert. Alle teile des wassertropfens sind teil des ganzen ozeans, alles was innerhalb von uns ist, ist teil des ganzen universums. Wie die veilen wassertropfen den ozean bilden, so bilden unsere doerper einen groesseren doerper von licht.
So ist unser haus in wirklichkeit groesser als dad hus in dem wir wohen, groesser als dar ort, der staat, das land in dem wir leben. Groesser als die erde die um die sonne kreist und groesser als die sonne die in der milchstrasse tanzt.

Ella me jijo que nosotros somos como una gota agua perdida en et oceano
Todo lo que esta dentro de usa gota de qgua esta dentro de un oceano entero, y todo to que esta dentro de nosotros esta dentro de un universo entero. Como las gotas de agua que crian un oceano, nuestro cuerpo cria un cierpo grande de luz.
Asi que nuestra casa es realmente mas grande que la casa en que vivemos, es mas grande que una ciudad, estado, oen la nacion que vivimos. Es mas grande que el mundo de nuestra tierra que pasa elrededor del sol, y es mas grande que el sol que baila por las galaxia.

Elle m'a dit que nous sommes comme une goutte d'eau perdue dans l'ocean. Tout ce qui est à l'inter'rieur de cette goutte d'eau fait partie de l'ocean en entier, tout ce qui est à l'inte'rieur de nous fait partie ine'grante de l'univers. Comme les nombreuses gouttes d'eau qui composent l'oceán, nòtre corps produit une source plus vaste de lumie're
Ainsi nòtre chez-nous es uraiment plus grand que la maison dans laquelle nous vivons, plus grand que la ville, l'e'tat et le pays où nous habitons. Plus grand que la terre alors qu'elle voyage autour du soleil et plaus grand que le soleil alors qu'il dance dans la galaxie.

Our home is the whole universe as we dance through this galaxy just like the shimmering stars.

•

Under zuhause ist das ganze universum und wir tanzen mit ihm durch unsere milchstrasse wie ein schimmernder stern.

Nuestra casa es el universo entero mientras bailamos por esta galaxia asi como las estrellas que brillan por la galaxia.

Nòtre maison est l'univers entier alors que nous dansons dans cette galaxie comme les ètoiles
•   qui chatoient.   •

Anandi said, "we are a part of a great body of light and we must care for our own bodies within this greater body, our drop of water in this cosmic ocean. When we take care of our vehicle of light, our body, we can use it like a map to find our way home."

Did you know your body is like a car for your light to travel in? You can get better mileage when you take care of your vehicle, making sure you fuel it with good food, good water, good air and good fun.

Anandi sprach, "Wir sind ein teil eines grossen ganzen aus licht und doch sind wir verantwortlich fuer unseren eigenen koerper innerhalb des groesseren koerpers, wie wassertropfen im kosmichen ozean." Indem wir auf unseren lichttraeger, unseren koerper acthen, koennen wir ihn als wegweiser benuetzen um unseren weg nach hause zu findn.

Wusstest du, dass wir mit unseren koerper wie mit einem fahrzeug durch das licht fahren koennen? Wir kommen viel weiter wenn wir gut umgehen mit diesem fahrzeug aus licht und mit gutem essen, gutem wasser, guter luft und veil freude versorgen.

Anandi dijo, "Nosotros somos parte de un cuerpo de una luz y nosotros estamos encargados de cuidar nuestro propio cuerpo, dentro de un cuerpo mas grande, nuestra gota de agua en un oceano relacionado con el universo. Cuando nosotros cuidamos nuestro vehiculo de luz, nuestro cuerpo, entonces nosotros podemos usarlo como un mapa, encontrando un camino para la casa.

Sabias tu que nuestro cuerpo es como un carro, para que nuestra luz corra en el? Nosotros podemos sacar mejores millas, cuando nosotros cuidamos de este vehiculo de luz y lo llenamos con comida beuna, agua buena, aire bueno, y diversion buena.

Anandi a dit, "Nous faisons partie d'une large source de lumie're et nous sommes responsables de nous occuper de nòtre propre corps à l'inte'rieur de ce corps plus vaste, nòtre véhicule de lumie're, nòtre corps, nous pouvons l'utiliser en tant que carte pour trouver le chemin de la maison.

Savais tu que nòtre corsps est comme une voiture dans laquelle nòtre lumie're peut voyager? Nous pouvons en retirer un meilleur rilome'trage quand nous entretenons ce véhucule de lumie're en bon e'tat et l'alimentons en bonne nourriture, en eau limpide, en air frais, et en plaisirs sains

Anandi & friends eating fresh whole foods that fuel the body, mind & spirit. "Chew well", she says.

•

Anandi mit freunden frische unversehrte lebensmittel essend, die koerper, seele und geist. "Gut kauen", sagte sie.

Anandi y sus amigos comiendo comidas frescas y enteras que alimentan el cuerpo, mente, y el espirito. "Mastica bien", Dice Anandi.

Anandi et ses amis mangeant des aliments complets et frais qui ravitaillent le corps, l'esprit, et l'âme. "Mâches bien", dit elle

Did you know animals are good teachers for us? Anandi told me to watch how animals live in harmony with their surroundings. See how they eat what grows in their area and never more than what they need? See how they wear perfect clothes, their scales, feathers, and fur, that let them swim, fly and run freely?
Clothes that are good for us to wear are wool from a sheep, silk from a caterpillar and cotton from a plant, or you can wear butterfly wings woven together by spider webs like Anandi wore.

Wusstest du, dass wir von den tieren lernen koennen? Anandi emfahl die tiere zu beobachten wie sie in harmonie mit ihrer umwelt leben. Beachte wie sie das essen was in ihrer umgebung waechst und nie mehr essen als sie benotiegen. Und beachte was fuer perfekte kleidung sie tragen, ihre schuppen, federn und fell, sie laesst sie schwimmen, fliegen und frei herumlaufen?
Gute kleidung machen wir uns aus der wolle vom schaf, seide von einer raupe, und baumwolle von einrer pflanze. Oder du kannst schmetterlingsflugel tragen, mit spinnweben zusammengewebt wie sie Anandi trug.

Sabias tu que los animales son como unos maestros para nosotros? Anandi me dijo que mirara como los animales viven en armonia con las cosas que los circulan. Mira como ellos comen lo que crece en el area de ellos y nada mas comen lo que necessitan. Y mira como usan la ropa perfecta, sus plumas, y la piel que los deja nadar, volar, y correr libremente.
La piel de una borrega, seda de una carapila, y el algodon de una plant, es ropa muy buena que nosotros usamos. Tambien puedes usar las alas de una mariposa que son tejidas juntas por las telaranas, asi como las usa Anandi.

Savais tu que les animaux sont de bons maîtres envers nous? Anandi m'a dit d'observer les animaux et de regarder comment ils vivent en harmonie avec leur environment. Regarde comment ils mangent ce qui pousse sur leur territoire et jamais plus que ce dont ils ont besoin. Et regarde comment ils portent des vètements apropriés, leurs e'cailles, leurs plumes et leurs fourrurer leur permettant de nager, voler et courir librement.
Les vètements bons pour nous à porter sont la laine d'un mouton, la soie d'une chenille et le coton d'un plante. Qu vous pouvez porter des ailes de papillon tiuneés ensemble par des toiles d'araignée comme celles qú Anandi portait.

Animals flying, swimming, crawling and playing; enjoying all the treasures of this earth.

•

Tiere fliegend, schwimmend, kriechend, und spielend; alle schaetze dieser erde geniessend.

•

Animales volando, nadando, gateando, y jugando, disfrutando todos los tesoros de este mundo.

•

Des animaux volant, nageant, rampant, et jovant; jouissant de toutes les renources
de cette terre.

Did you know when we imitate how animals stand we awaken every part of our body? As we stretch, fresh blood and oxygen flow through us like the rivers do on this earth, nourishing everything in their paths.

Anandi said, "Each animal, each blade of grass, each pebble of sand, is a beautiful gift for us. Our gift in return is to take only what we need, replenish what we use, share what we have and take joy in this wonderful cycle of life."

Sabias tu que cuando nosotros imitamos como los animales se paran, nosotros despertamos cada parte de nuestro cuerpo? Al estirarnos sangre fresca y oxygeno pasan por nosotros como los rios de esta tierra, creando y alimentando todo lo que esta en el camino.

Anandi dijo, "Cada animal, cada ramita de saccate, cada piedra de tierra, es un ragalo muy bonita para nosotros. Nuestro ragalo en regreso es tomar nada mas lo que neccessitamos, contribuir lo que usamos, compartir lo que tenemos, y disfrutar al entrar, en este maravilloso cyclo de vida.

Wusstest du, dass indem wir die tiere nachmachen wie sie stehen, wir alle teile unseres koerpers erwecken? Wenn wir uns strecken, dann fliesst frisches blut und sauerstoff durch uns wie fluesse auf diesser erde, alles ernaehrend was um die ist.

Anandi sagte, "Jedes tier, jeder grashalm, jedes sandkorn ist ein wunderschoenes geschenk an uns. Unser dank fuer dieses geschenk ist nur das zu nehem was wir brauchen, ergaenzen was wir verbrauchen, teilen was wir haben und uns daran erfreuen, dass wir an diesem wunderbaren lebenskreis teilhaben koennen.

Savais tu que lorsque nous imitons la facon dont les animaux se tiennent, nous éveillons chaque partie de nòtre corps? Alors que nous nous étirons, du sang frais et de l'oxygène s'e'ioulent à travers nous comme les rivie'res font sur la terre, nourrinant tout sur leur panage.

Anandi a dit, "Chaque animal, chaque brin d'herbe, chaque grain de sable est un beau cadeau. Nòtre présent, en échange, est de ne prendre seulement ce dont nous avons besoin, remplacer ce que nous utilisons, partager ce que nous avons, et jouir comme nous participons à ce cycle magnifique de la vie."

Anandi stretching like her animal friends to awaken & revitalize her whole body,
•   her vehicle of light   •

Anandi sich streckend wie ihre freunde die tiere, um ihren ganzen koerper zu erfischen,
ihr fahrzeug aus licht.

Anandi estirandose como sus amigos los animales para despertar y revivir su cuerpo entero,
su vehiculo de luz.

Anandi s'étirant comme ses amis les animaux pour e'veiller et revitaliser son corps entier,
•   son véhicule de lumie're   •

Do you know what is inside an egg?
The outer shell is not the most important
part, it's just a protective layer. The real
worth is in the glow that radiates from
within.
Different colors of skin, different hair
and speaking different languages are just
outer clothes that we wear in this life.
Inside we are all radiant beings of light,
dancing through this universe, living,
learning and loving.

Sabes tu que ay dentro de un huevo? El
cascaron por afuera no es la parte mas
importante, nada mas es una capa
protectiva. Cuando tu pases por esto vas
a ver que lo que realmente vale, esta en
el brillo que radiamente viene dentro de
uno.
Usando pieles de colores differentes,
cabello differente, y hablando lenguajes
differentes nada mas son prendas que
usamos por fuera en esta vida. Por
dentro todos somos unos seres radiantes
de luz, al bailar por este universo,
viviendo, apprendiendo, y amando.

Wusstest du was innerhalb eines eies
sich verbirgt? Die auesser schale ist
nicht die hauptsache, sie ist nur eien
schutzhuelle. Wenn du durch sie
hindurchdringst, dann wirst du sehen,
dass der wirkliche wert der glanz ist der
aus dem inneren strahlt.
Es ist nur die aessere kleidung dieses
lebens, wenn wir verschiedene haare
tragen und verschiedene sprachen
sprechen. Im inneren sind wir alle
strahlende wesen des lichts, wie wir
durch das universum tanzen, lernend,
lebend, und liebend.

Savais tu ce qu'il ya à l'inte'rieur d'un
oeuf? L'e'caille extérieure n'est pas la
partie la plus importante, juste une
couche protectrice. Une fois percée, tu
verras que la ve'ritable valeur re'side
dans l'aura que radie de l'inte'rieur.
Porter des peaux de diffe'rents, et parler des
langages diffe'rents ne sont que des
vètements exte'rierurs que nous portons
dans cette vie. A l'inte'rieur, nous
sommes tous des ètres radiants de
lumie're alons que nous dansons à
travers cet univers, vivant, apprenant, et
aimant.

The egg, like the seed planted in the ground, is the beginning of our adventure in this life. Nourish it well & see how it grows & flowers.

Wie der in die erde gepflantze samen ist das ei der beginn unseres abenteuers in diesem leben. Ernaehre es gut und du wirst sehen wie es waechst und gedeiht.

El huevo, como una semilla plantado en la tierre, es el comienso de nuestra aventura en esta vida. Alimentalo bien y mira como crece, crece y florece.

L'oeuf, comme la graine planteé en terre, est le début de nôtre aventure dans cette vie. Nourris la bien et regarde comme elle pousse et fleurit.

Anandi told me we are all together in this great body of light and so we are never apart from each other. She said, "Like the caterpillar that leaves to become a butterfly, we don't leave each other, we just change experiences and become more of who we truly are. When we venture out to enrich our lives, our greater source becomes richer too and we all shine brighter together."

Anandi me dijo que todos estamos juntos en este cuerpo tan grande de luz, y por eso nunca estamos separados de uno, Ella dijo, "Como una carapila que se va para convertirse en la mariposa, nosotros no nos abandonamos una al otro, nada mas cabiamos de experiensas y nos convertimos mas de lo que verdaderamente somos. Cuando nosotros tomamos riesgos para enriceser nuestras vida, nuestro orijen es mas rico, y juntos brillamos mas."

Anandi sagte mir, dass alle vereint sind in diesem grossen lichkoerper und niemals alleine. Sie sagte, "Wie die raupe vergeht um ein schmetterling zu werden, so veraendern wir uns, werden durch erfahrung mehr wir selbst. Wenn wir ausziehen unser leben zu bereichern, wird auch unser groesserer ursprung reicher und wir leuchten heller in unserer gemeinsamkeit."

Anandi m'a dit que nous sommes tous ensemble dans ce grand corps de lumie're, et ainsi nous ne sommes jamais se'parés les uns des autres. Elle a dit, "Comme la chenille qui se transforme en papillon, nous ne nous quittons pas, nous vivons des expe'riences diffe'rentes et nous nous rapprochons de qui nous sommes uraiment. Quand nous nous aventurons dehors pour enrichir nos vies, nòtre plus belle source s'enrichit auni et tous ensemble nous brillons plus fort.

Anandi said, "Each step we take to enrich our lives makes this earth, & all of us, a brighter
• & richer place." •

Anandi sprach, "Jeder schritt den wir machen um unser leben zu bereichern, macht uns
slebst und unsere erde einen helleren und reicheren ort."

•

Anandi dijo, "Cada paso que tomamos para enriceser nuestras vidas asen este mundo un
mundo y a todos nosotros un rico y brilloso lugar."

•

Anandi a dit, "Chaque étape que nous entreprenons pour enrichir nos vies rend cette terre
et nous tous un endroit plus lumineux et plus riche."

Anandi then said, "Each of us has a mission to fulfill on this earth. The answers are inside of us in our deepest part of knowing."
She told me to close my eyes and look for a light with my inner eye. "Imagine a star inside of you and let it travel from your big toe all the way up your spine to the top of your head, growing and glowing until it explodes from the top of your head like the shooting stars."

Entonces dijo Anandi, "Cada uno de nosotros tiene una mission en este mundo para cumplir y las respuestas esta dentro de nosotros en la parte mas onda de saber."
Me dijo cierra tus ojos y busca una luz con el ojo dentro de mi. "Imajinate una estrella dentro de ti y dejala viajar el dedo grande, por toda la espalda, y ase arriba de tu cabeza, creciendo y brillando asta que reviente tu cabeza mirandone como estrellas fugases."

Und dann sprach Anandi, "Jeder von uns hat eine mission auf dieser erde zu erfuellen und die antwort ist in uns in den tiefen unseres wissens."
Sie befahl mir meine augen zu schliessen und nach dem licht mit meinem inneren auge zu schauen. "Stell dir einen stern vor der in dir wandert von deinem grossen zeh der wirbelsaeule entlang bis ganz nach oben zu deinem kopf, dabei immer groesser und glaenzender werend, bis er uaf deinem kopf platzt wie sternschnuppen."

Anandi a dit alors, "Chacun d'entre nous a une mission à accomplir sur cette terre et les re'ponses sont en nous dans la partie la plus profonde de nòtre savoir."
Elle m'a dit de fermer les yeux et de chercher une lumie're dans ma vision inte'rieure. "Imagine une étoile en toi et laisse la voyager de ton gros orteille, tout le long de ta colonne jusqu'au sommet de ta tête, s'aggrandissant et rouginant jusqu' à ce qu'elle explose du sommet deta tête comme des étoiles filantes."

"You are not just your body but a radiant being of light. Go inside & find your answers," Anandi said.

"Du bist nicht nur dein koerper sondern ein strahlendes wesen aus licht. Geh in dich selbst und du wirst die antworten finden", sprach Anandi.

"No eres solamente un cuerpo, pero un ser humano lleno de luz. Ve a dentro y busca las respuestas", dijo Anandi.

"Tu n'es pas seulement un corps mais un ètre radieux de lumie're. Vas en toi et troure tes re'ponses", a dit Anandi.

When I opened my eyes, Anandi was gone, but in her place was a beautiful butterly. As the butterfly lifted up into the air I heard a gentle whisper in the wind, "You are not alone, my little star, I will always shine bright for you, so you must shine bright for me as well. Please always remember that you are your own guiding light, so let your light shine forth and be a star to the stars."

Cuando abri mis ojos, Anandi ya no estaba, pero en su lugar lugar estaba una mariposa preciosa. Al ver la mariposa volar en el aire, escuche una vos baja, y me dijo no estas sola, mi pequena estrella siempre voy a brillar para ti y tu debes brillar para mi tambien. Por favor siempre recuerda que tu estas en la propia luz que te guia, asi que deja que tu luz brille ase adelante y aste una estrella para las estrellas.

Als ich meine augen oeffnete war Anandi verschwunden, aber an der stelle wo sie sass war ein schoener schmitterling. Und als er sich in die luft erhob hoerte ich eine sanfte stimme im wind wispern, "Due bist nicht allein mein kleiner stern, ich werde immer hell fuer dich leuchten. Aber du mnusst auch fuer mich leuchten. Denk bitte immer daran, dass du dein eigener leitsern bist. Also lass dein licht weiter leuchten damit du ein dtern unter den sternen wirst."

Quand j'ai ouvert les yeux, Anandi e'tait partie, mais à sa place se trouvait un beau papillon. Alors que le papillon se soulevait dans les airs, j'ai entendu un doux murmure dans le vent, "Tu n'es pas seule, ma petite étoile, et je brillerai toujours fort pour toi, donc tu dois briller autant pour moi, S'il te plait, souviens toi toujours que tu es ta propre, étoile du berger, ainsi laine ta lumie're briller franchement et sois une étoile pour les étoiles."

When I opened my eyes everything seemed clearer & brighter. My hearing had become
· so good I could even hear the stars talking. ·

Als ich meine augen öffnete, da schien alles klarer und heller zu sein.
Mein gehoer wurde so gut, dass ich sogar die sterne untereinander sprechen hoerte.

·

Cuando abri mis ojos todo se miraba mas claro y brilloso. Mi manera de escuchar se iso
· tan buana que asta podía escuchar las estrellas platicando. ·

Quand j'ai ouvert les yeux tout semblait plus clair et plus lumineux. Mon ovie était
devenu si bonne que je pouvais même entendre les étoiles parler.

21

Anandi has come back into my life several more times always helping my path to shine brighter. But that is altogether another story to be told another time. So now, for you this is my story, about her story, that may become his-tory and has become your story. May your path be well lit and may you always find your way from one star to another.

Anandi kam noch ein paar mal zurueck in mein leben und half meinen lebensweg zu erhellen. Aber dies ist eine andere geshichte die ein anderes mal erzaehlt werden soll. Fuer jetzt ist dies meine geschichte ist moege dein lebensweg hell erleucthet sein und moegest du ihn immer finden, von stern zu stern.

Anandi a regresado avrias veces en mi vida y me a ayudado para que mi comino brille mas. Pero todo eso junto, es otra historia, di la historia de ella, que puede llegar aser una historia del pasado, y que ya es tu historia. Que tu camino este bien iluminado y que siempre encuentres un camino de una estrella a otra.

Anandi est revenue plusieurs fois dans ma vie et a aidé mon chemin à briller avec plus d'éclat. Mais ceci est une toute autre histoire à être racontée plus tard. Donc maintenant, pour toi voici mon histoire au sujet de son histoire qui deviendre peut être histoire. Que ton chemin soit bien éclairé et que tu trouves toujours ta route, d'une étoile à une autre.

We must remember we are not alone & when we let our light out, we can truly become
·   a star to the stars.   ·
Denke immer daran wir sind nicht alleine, und wenn wir unser licht nach aussen tragen,
werden wir wie ein stern unter sternen.
·
Debemos recordar que no estamos solos, y cuando dejamos que neustra luz salga por
dentro, nosotros realmente podemos ser una estrella para las estrellas.

Nous devons nous reppeler que nous ne sommes pas seuls et lorsque nous laissors sortir
nòtre lumie're, nous pouvons vraiment une étoile pour les étoiles.

Anandi taught me this dance to help me move more freely like the stars as they twinkle and dance through this galaxy. When you try this dance, alternate your feet, touching your toe to the floor behind the other foot each time you move with your pressed hands. Stamp each foot down at the end of the set. Always remember to do only as much as you want and to please enjoy!

Anandi me enseno a moverme las y libremente como las estrellas al brillar y bailer por esta galaxia. Pon tus pies uno de tras de el otro tocando tu dedo contra el talon del el otro pie cada ves que te mueves con tus manos pegadas a ti. Y pon cada pie en el suelo despues de cada movimiento. Y siempre recuerda, as todas las que quieras y por favor diviertete.

Dies ist einer der taenze die mir Anandi lehrte mithilfe dessen wir uns freier bewegen lernen, wie die sterne die durch die milchstrasse funkeln und tanzen. Jedesmal wenn du deine zusammengefalteten haende auf die andere seite bewegst, mit dem zeh eines fusses abwechselnd hinter dem anderen fuss auf den boden stampfen. Aber immer daran denken nur so oft und so lange es spass macht.

Une des dances qu' Anandi m'a apprise pour nous aider à nous de'placer plus librement, comme les ètoiles qui scintillent et dancent à travers la galaxie. Alterne tes pieds posant tes orteils au sol derrie're l'autre pied à chaque fois tu bouges avec tes bras e'tirès et les mains prenèes l'une contre l'autre. Tape chaque pied parterre à la fin d'une se'rie de mouvements. Et rapelle toi toujours d'en faire seulement autant qu'il te plait et s'il te plait a muse toi.

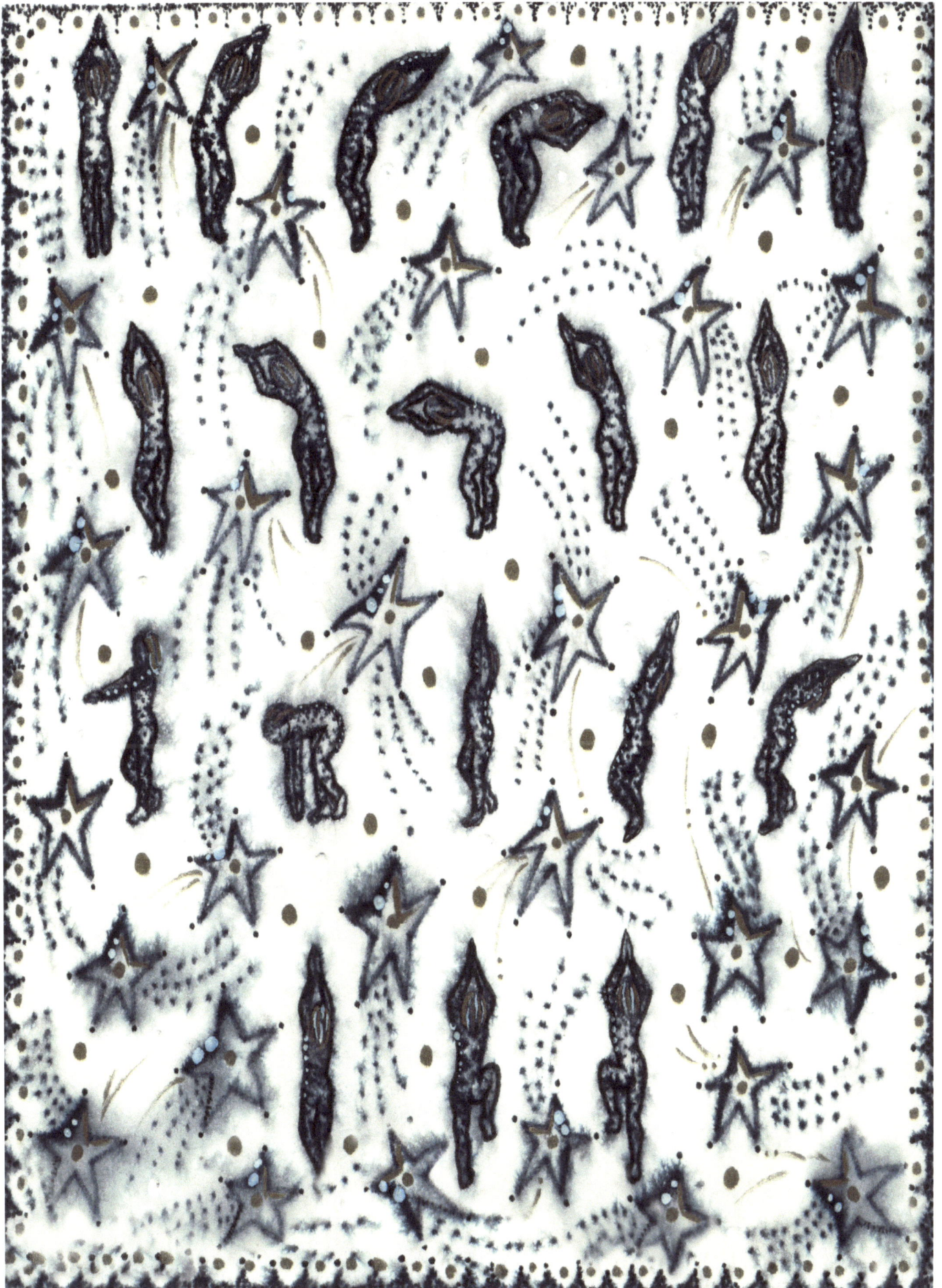

Some postures Anandi showed me to revitalize our bodies, our vehicles of light. Do not eat for at least a half-hour before doing these postures or wait one hour after you eat to do them. When you're bending over or going down, exhale or blow out the air inside of you. When you're coming up from bending over or bending back, inhale - breathe air into your lungs and always remember, do not over exercise and enjoy!

Algunas posiciones que me enseño Anandi son para revivir bien nuestro cuerpo, nuestro vehiculo de luz. No comas media hora antes de aser estas posiciones o espera una hora despues de comer para aserlos. Cuando te agaches a vayas a bajar, respira ase afuera. Y cuando te levantes respira profundamente. Y que te diviertas!

Einige stellungen die mir Anandi zeigte um unseren koerper zu erfishcen, unser fahrzeug aus licht. Bevor du diese uebungen machst, soltest du fuer eine halbe stunde nichts essen. Falls du schon gegessen hast, soltest du eine stunde warten bevor du diese uebungen anfaengst. Beim nach vorne guegen- ausatmen. Beim nach hinten buegen oder aufstehen - einatem. Veil spass!

Voici quelques positions supplémentaires qu Anandi m'a montrées pour revitaliser nòtre corps, nòtre vehicule de lumie're. Ne mange pas une demi heure avant d' exécuter ces positions ou attends une heure apres avoir mangé pour les faire. En se penchant en avant ou se bauinant, expire. En se penchant en arrie're ou se relevant, inspire. Et souviens toi toujour de ne pas en faire trop et s'il te plait, prends y plaisir!

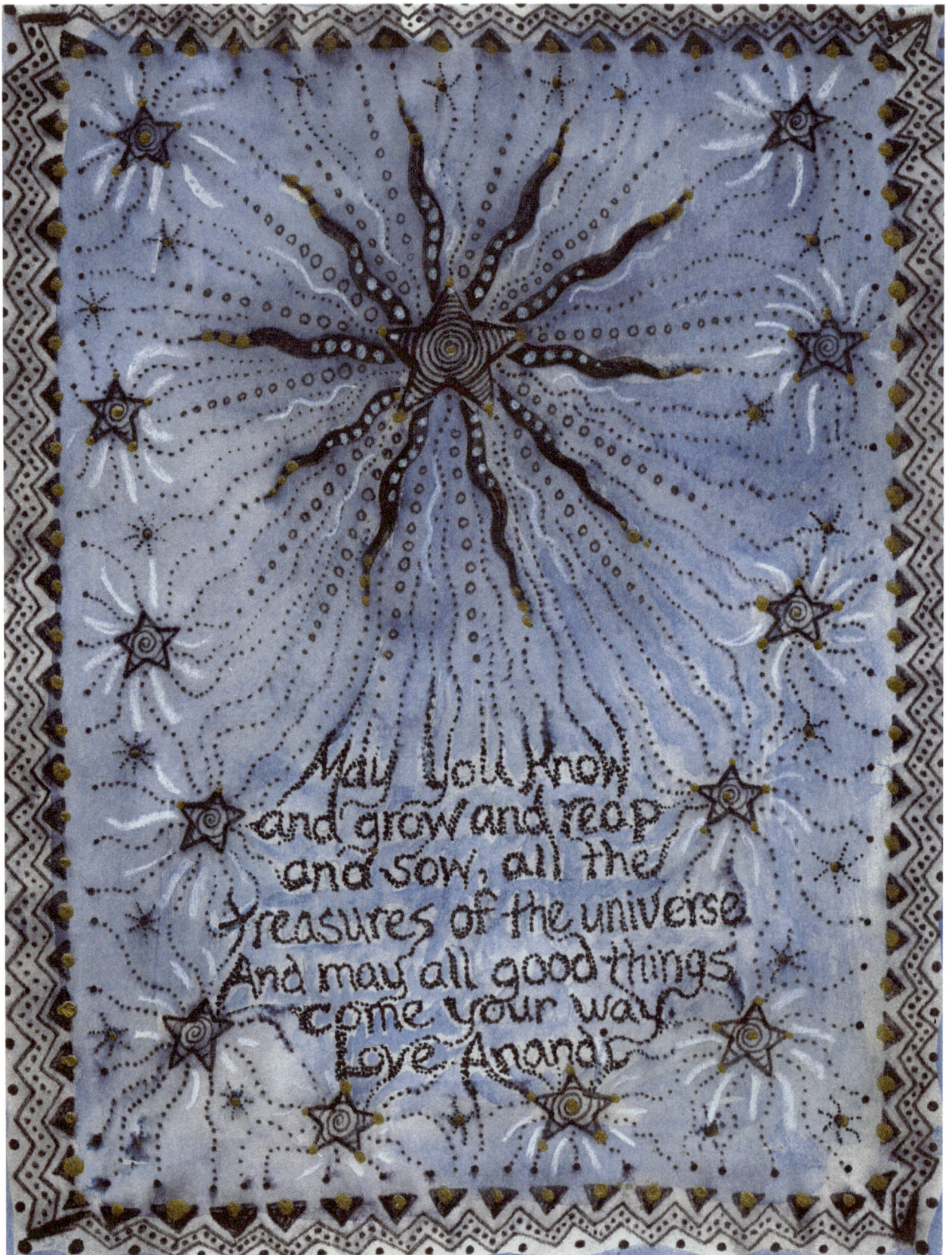

May you know
and grow and reap
and sow, all the
treasures of the universe
And may all good things
come your way
Love Anandi

Du sollst wissen und wachsen und ernten und saehen, all die schaetze des universums. Und moegen dich alle guten dinge erreichen. In libe, Anandi.

•

Hojala que estes enterada, y que crescas y juntes todos los tesoros del universo. Y que todas las cosas buenas vengan en tu camino. Ama a Anandi.

•

Que tu connaisses et pousses et re'coltes et se'mes, tous les trésors de l'univers. Et que toutes les bonnes choses croisent ton chemin. Amitié Anandi.

... Und sei ein stern bis ans ende. Unser licht wird niemals enden.

•

... Y que seas una estrella asta el final. Nuestra luz nunca se va a terminar.

•

... Et sois une ètoile jusqu' à la fin. Nòtre lumie're ne s'éteignera jamais.

Laura Hanora Rice is a mother to many, a friend to more, a lover of all and an inspiration to both big and small. Her life has lead her to many parts of the globe and afforded her the opportunity to experience so much of the colors and beauty, people and places, gleening much meaning and leaving smiling faces. These experiences she wishes to share with you through her art and her pen, her heart and her friends, so you too can share in the joy and beauty within each of us — shining stars.

www.ingramcontent.com/pod-product-compliance
Lightning Source LLC
Chambersburg PA
CBHW060827270326
41931CB00002B/91